W0075538

Mit Volldampf in das neue Lebensjahr

Eisenbahnfahrt

Die Welt ist rund. Man geht auf Reisen,
damit sich die Nervosität verliert.
Und Bauern stehen an den Gleisen,
als würden sie fotografiert.

Man sieht ein Schloss und spiegelglatte
Gewässer und ein rotes Feld mit Mohn.
Die Landschaft kreist wie eine Platte
auf Gottes großem Grammofon.

Der Schnellzug rast und will nicht rasten.
Die Hühner nicken längs der Bahn.
Vorm Fenster wehen Telegrafenmasten
wie Maiglöckchen aus Porzellan.

Die Drähte fallen tief und steigen.
Die Masten gehen manchmal in die Knie.
Es ist, als ob sie sich vor uns verneigen.
Uns wird so eigen!
Wir ziehn den Hut und grüßen sie
und schweigen.

Erich Kästner

Mit *Volldampf* in das *neue* Lebensjahr

Ein Geburtstagsbuch für **Eisenbahnfreunde**

benno

Die Kunst der Lebensführung
besteht bekanntlich darin,
mit gerade so viel Dampf zu fahren,
wie gerade da ist.

Theodor Fontane

Für die lebenslangen „Eisenbahnfreunde"
Gerald und Sebastian

Bibliografische Information der Deutschen Nationalbibliothek
Die Deutsche Nationalbibliothek verzeichnet diese Publikation
in der Deutschen Nationalbibliografie; detaillierte bibliografische
Daten sind im Internet über http://dnb.d-nb.de abrufbar.

Besuchen Sie uns im Internet:
www.st-benno.de

Gern informieren wir Sie unverbindlich und aktuell auch in unserem Newsletter zum Verlagsprogramm, zu Neuerscheinungen und Aktionen. Einfach anmelden unter www.vivat.de.

ISBN 978-3-7462-6245-1

© St. Benno Verlag GmbH, Leipzig
zusammengestellt von: Volker Bauch, Gößnitz
Umschlaggestaltung: Rungwerth Design, Düsseldorf
Covermotiv: © Tarasova Mariya/Shutterstock
Gesamtherstellung: Kontext, Dresden (A)

Inhalt

Statt eines Vorworts

Da die Menschen sich aber nicht bloß ihre Kleider machen, sondern auch ihre ganze übrige Lebensvisage bis zur Kontur ihrer Gesten und zum Profil ihrer Landschaft, so verändert sich überhaupt alles ins Nützlich-Hässliche. Durch die blühende Natur beginnen sich hastige schwarze Riesenschlangen zu winden, üble Dämpfe aus ihren Mäulern stoßend, zahllose Feuerschlote recken ihre grauen Hälse in den Himmel, und bald werden auch endlose Drähte, dubiose Zahlennachrichten surrend, dessen Ruhe stören. 1814 hatte Stephenson seine Lokomotive gebaut; aber erst das Walzen der Schienen, das 1820 gelang, machte die Erfindung praktikabel. Fünf Jahre später wurde zwischen Stockton und Darlington, zwei kleinen Städten in der englischen Grafschaft Durham, die erste Eisenbahnlinie eröffnet, und noch heute ist auf dem Bahnhof von Darlington „Lokomotive Nummer eins" zu sehen, die Stammmutter jenes Millionengeschlechts von fauchenden Landungeheuern; nach weiteren fünf Jahren verkehrten die Dampfwagen schon zwischen Liverpool und Manchester. Auf dem Kontinent kam es zunächst nur zur Anlage von ganz kurzen Strecken, die man ebenso gut mit Pferden, ja zu Fuß hätte zurücklegen können: 1835 zwischen Nürnberg und Fürth, 1837 zwischen Leipzig und Dresden und zwischen Paris und Saint-Germain, 1838 zwischen Berlin und Potsdam, Wien und Wagram: Man betrachtete die Neuheit anfangs nur vom Standpunkt der Unterhaltungskuriosität. In Amerika aber verkehrte 1839 zwischen Baltimore und Philadelphia bereits der erste Schlafwagen. Jenseits des Ozeans wurde auch das erste Dampfschiff erblickt: die „Clermont", die 1807 auf dem Hudson-Fluss von New York nach Albany fuhr, und der erste Meerdampfer: die „Phönix", die die Verbindung zwischen New York und Philadelphia herstellte.

Der erste überseeische Dampfer war die ebenfalls amerikanische „Savannah", die 1818 in sechsundzwanzig Tagen die Strecke New York–Liverpool zurücklegte. England blieb nicht zurück: In dem Zeitraum zwischen dem Wiener Kongress und der Julirevolution hatte es die Zahl seiner Passagierdampfer von zwanzig auf mehr als dreihundert erhöht, und 1835 baute es den ersten Kriegsdampfer. Auf dem Rhein aber wurden Dampfer deutscher Provenienz erst 1825 in Betrieb gesetzt; in demselben Jahre lief bereits der erste englische Dampfer nach Ostindien. Zum großen Weltvehikel wurde das neue Verkehrsmittel durch die Erfindung der Schiffsschraube. Sie gelang bereits im Jahre 1829 dem Triester Joseph Ressel; aber die österreichische Polizei verbot die Probefahrten. In der zweiten Hälfte der Dreißigerjahre wurden die Versuche in England wiederaufgenommen, und dort ging, zehn Jahre nach Ressels Fiasko, der erste Schraubendampfer vom Stapel. Nun kam Deutschland langsam nach. 1842 wurde ein regelmäßiger Dampferverkehr zwischen Bremen und New York eröffnet, 1847 wurde die Hamburg-Amerika-Linie gegründet. Aber erst in der zweiten Hälfte des Jahrhunderts überflügelte der Steamer überall das Segelschiff: Bis dahin hatte er noch vielfach mit dem Konservativismus des Publikums und der Trägheit der Regierungen zu kämpfen. Auf noch größere Widerstände stieß die Einführung der Eisenbahn. Als in Bayern die erste deutsche Linie gebaut werden sollte, gab die medizinische Fakultät zu Erlangen das Gutachten ab, dass der Fahrbetrieb mit öffentlichen Dampfwagen zu untersagen sei: Die schnelle Bewegung erzeuge unfehlbar Gehirnkrankheiten, schon der bloße Anblick des rasch dahinsausenden Zuges könne dies bewirken, es sei daher zumindest an beiden Seiten des Bahnkörpers eine fünf Fuß hohe Bretterwand zu fordern. Gegen die zweite deutsche Eisenbahn, die von Leipzig nach Dresden lief, strengte ein Müller einen Prozess an, da sie ihm den Wind abfange; und als sie einen Tunnel erforderte, erklärten sich die ärztlichen Gutachten gegen den Bau, da ältliche Leute durch den plötzlichen Luftdruckwechsel leicht vom Schlage gerührt werden könnten. Den entgegengesetzten Standpunkt vertrat Kaiser Ferdinand bei der ersten österreichischen Linie Wien–Baden, indem er hartnäckig einen Tunnel verlangte, denn eine Eisenbahn ohne Tunnel sei keine richtige Eisenbahn. Der preußische Generalpostmeister Nagler warnte vor der Errichtung einer Linie zwischen Berlin und Potsdam, denn die Diligence, die er viermal in der Woche auf dieser Strecke verkehren lasse, sei ja schon halb leer, und auch der König meinte, er könne keine große Glück-

seligkeit darin finden, dass man einige Stunden früher in Potsdam ankomme. Tieck, dorthin in Audienz berufen, weigerte sich, die Bahn zu benutzen, und fuhr im Wagen neben ihr her. Auch Ludwig Richter war ein Gegner der Dampfwagen, Thiers prophezeite, ihre Einführung werde keine großen Veränderungen zur Folge haben, und Ruskin bemerkte: „Das Eisenbahnfahren sehe ich überhaupt nicht mehr als Reisen an; das heißt einfach, an einem anderen Ort verschickt werden, nicht viel anders, als wäre man ein Paket." Der Fürst von Anhalt-Cöthen dagegen war ein so begeisterter Anhänger der neuen Erfindung, dass er erklärte: „Ich muss in meinem Land auch so eine Eisenbahn haben und wenn sie tausend Taler kosten sollte." Seit etwa 1845 aber gab es schon allenthalben in Europa Eisenbahnen und Steamer, man verherrlichte die neuen Fahrzeuge in Abhandlungen und Gedichten, und alle Welt wurde von einem wahren Reisefieber erfasst, das sich auch literarisch äußerte: Reisebilder, Reisebriefe, Reisenovellen waren das bevorzugte Genre der Autoren und Leser. Der dichtere, schnellere und tragfähigere Verkehr, den die Dampfkraft ermöglichte, wurde nicht, wie die meisten vorausgesagt hatten, der Ruin der übrigen Beförderungsmittel, sondern wirkte auf sie indirekt fördernd: Zumal in Deutschland hatte er den Ausbau eines Chausseesystems zur Folge, wie es Frankreich schon seit Richelieu besaß.

Egon Friedell

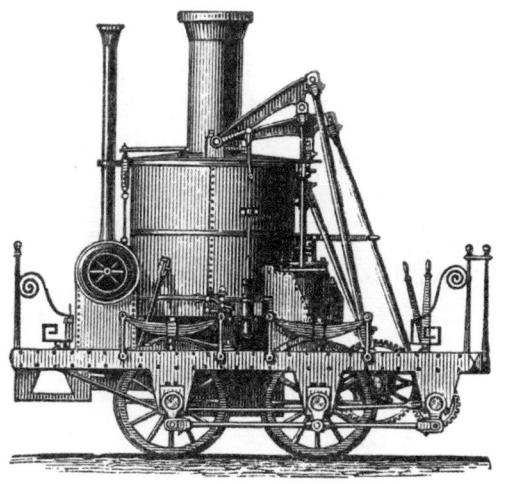

Die Eröffnung der Bahnlinie Nürnberg-Fürth am 7.12.1835

Es imponiert, wenn man den Wagenzug wie von selbst, wenn auch nicht pfeilgeschwind, doch gegen alle bisherige Erfahrung schnell, unaufhaltsam heran- vorüber- und in die Ferne dringen sieht.

Auf den Achsen von Vorder- und Hinterrädern wie ein anderer Wagen ruhend, hat die Maschine mitten zwischen diesen zwei größere Räder, und diese sind es, welche von ihr eigentlich in Bewegung gesetzt werden. Wie – lässt sich zwar ahnen, aber nicht sehen. Zwischen den Vorderrädern erhebt sich, wie aus einem verschlossenen Rauchfang, eine Säule von ungefähr 15 Fuß Höhe, aus welcher der Dampf sich entladet. Zwischen den Vorder- und Mittelrädern erstreckt sich ein gewaltiger Zylinder nach den Hinterrädern, wo der Herd und Dampfkessel sich befindet, welcher von einem zweiten, vierrädrigen angehängten Wagen aus mit Wasser gespeist wird. Der Wagenlenker ließ nach und nach die Kraft des Dampfes in Wirksamkeit treten. Aus dem Schlot fuhren nun die Dampfwolken in gewaltigen Stößen, die sich mit dem schnaubenden Ausatmen eines riesenhaften, antidiluvianischen Stieres vergleichen lassen. Die Wagen waren dicht aneinandergekettet und fingen an, sich langsam zu bewegen; bald aber wiederholten sich die Ausatmungen des Schlots immer schneller, und die Wagen rollten dahin, dass sie in wenigen Augenblicken den Augen der Nachschauenden entschwunden waren. Auch die Dampfwolke, welche lange noch den Weg, den jene genommen, bezeichnete, sank immer tiefer, bis sie auf dem Boden zu ruhen schien.

Stuttgarter Morgenblatt

Das Ungetüm

Höre, was das erwähnte Ungetüm alles leistet. Als Erstes ist seine Nahrung die wohlfeilste, denn es frisst nichts als Holz und Kohlen. Es braucht aber gar keine, sobald es nicht arbeitet. Es wird nie müde und schläft nie. Es ist keinen Krankheiten unterworfen, wenn von Anfang an nur gut organisiert, und versagt nur dann die Arbeit, wenn es nach langer, langer Zeit vor Alter unbrauchbar wird. Es ist gleich tätig in allen Klimaten und unternimmt unverdrossen jede Art von Arbeit. Es ist hier ein Wasserpumper, dort ein Bergmann, hier ein Schiffer, dort ein Baumwollenspinner, ein Weber, ein Schmied- und Hammerknecht oder ein Müller – in der Tat, es treibt alles und jede Geschäft, und als ein ganz kleines Wesen sieht man es ohne Anstrengung neunzig Schiffstonnen Kaufmannsgüter oder ein ganzes Regiment Soldaten auf Wagen gepackt mit einer Schnelligkeit sich nachziehen, welche die der flüchtigsten Stagecoaches übertrifft. Dabei markiert es noch selbst jeden seiner taktmäßigen Schritte auf einem vorn angehefteten Ziffernblatte. Auch reguliert es selbst den

Wärmegrad, den es zu seinem Wohlsein bedarf, ölt wunderbar seine innersten Gelenke, wenn diese es bedürfen, und entfernt beliebig alle nachteilige Luft, die durch Zufall in Teile dringen sollte, wo sie nicht hingehört – sollte aber in ihm etwas in Unordnung geraten, dem es nicht selbst abhelfen kann, so warnt es sogleich durch lautes Klingeln seine Herrschaft vor Unglück. Endlich ist es so folgsam, obgleich seine Stärke der von hundert Pferden gleichkommt, dass ein Kind von vier Jahren mit dem Drucke seines kleinen Fingers jeden Augenblick seine ungeheure Arbeit zu hemmen imstande ist.

Hätte man wohl sonst einen solchen dienstbaren Geist ohne Salomons Siegelring erhalten können und hat je eine wegen Zauberei verbrannte Hexe Ähnliches geleistet?

Jetzt – ein neues Wunder – magnetisierst Du bloß fünfhundert Goldstücke mit dem festen Willen, dass sie sich in eine solche lebendige Maschine verwandeln sollen, und nach wenig Zeremonien siehst Du sie in Deinem Dienste. Der Geist geht in Dampf auf, aber er verflüchtigt sich nicht. Er bleibt mit göttlicher und menschlicher Bewilligung Dein legitimer Sklave. Dies sind die Wunder unserer Zeit, die wohl die alten heidnischen und selbst christlichen aufwiegen.

Hermann Fürst von Pückler-Muskau

Das Eisenbahn-Abenteuer

Einmal machte ich eine Eisenbahnfahrt, wobei ich ganz allein in einem Wagenabteil saß wie der gedankenreiche Eremit in seiner schweigsamen, weltabgelegenen Klause. Auf irgendeiner Station hielt der Zug an, die Türe wurde mit beamtenhafter Schroffheit aufgerissen, und zu mir hinein in das sonderbare, auf Rädern gestellte Zimmer stieg eine Frau. Es war mir nicht anders, als wenn der Sonnenschein ins nächtlichschwärzliche Coupé einstiege, so hell mutete mich die liebe frauliche Erscheinung an, die wie auf Besuch zu mir kam. Freundlich sagte sie Guten Abend. Wer als ich war glücklicher darüber? Der Zug setzte sich alsbald wieder in Bewegung, und hinaus in die Nacht und ins unbekannte Land wurde die Kammer getragen, in welcher nun zwei Personen saßen, die sich gegenseitig freundlich anschauten. Ein Lächeln ergab ein Wort, und indes die Räder fleißig fort- und fortrasselten, hatte ich wie ein Schelm und Dieb die passende Gelegenheit wahrgenommen, saß schon an ihrer Seite und legte den Arm um ihre reizende Figur. Emsig arbeiteten die Räder, und

Gegenden, die ich nicht kannte, flogen draußen in der stillen Mitternacht an uns beiden glücklichen Leuten vorüber. Emsig arbeitete ich mit meinen Lippen auf den ihrigen, die köstlich waren wie Lippen eines Kindes. Ein Kuss lockte den andern hervor, ein Kuss folgte auf den andern. Ich ließ mir bei dem süßen Geschäft so recht Zeit, und da wurde ich zum Künstler im Küssen, zum Künstler in der Liebkosung. O wie die Liebe, die Süße lächelte mit dem schönen Mund und mit den schönen dunklen Augen, welche, indem sie in die meinigen schauten, mich küssten. Paradieseslüsternheit lag auf ihren Lippen, und Paradieseslust glänzte ihr aus den Augen. Ich unterdessen hatte es so recht schön gelernt, wie man es anstellen muss, um dem Kuss den höchsten Reiz abzugewinnen und ihm die tiefste Wonne mitzugeben. Unter unserem lustererfüllten Liebesgemach rasselten immerfort die Räder, und der Zug sauste durch die Länder, und wir zwei hielten uns umschlungen wie die Seligen in den überirdischen Gefilden, Wange an Wange gedrückt und Körper an Körper, als seien wir vorher zwei verschiedene Gedanken gewesen, doch jetzt nur noch ein einziger. Wie beglückte es mich, dass sich das süße Geschöpf durch das, was ich tat, glücklich fühlte. Ihren wonnigen Liebesdurst zu stillen machte mich zum Glücklichsten der Sterblichen, machte mich zum Gott. Doch jetzt blieb der Eisenbahn-zug wieder stehen, die reizendste der Frauen stieg aus, während ich weiterfahren musste.

Robert Walser

Luftveränderung

Fahre mit der Eisenbahn,
fahre, Junge, fahre!
Auf dem Deck vom Wasserkahn
wehen deine Haare.

Tauch in fremde Städte ein,
lauf in fremden Gassen;
höre fremde Menschen schrein,
trink aus fremden Tassen.

Flieh Betrieb und Telefon,
grab in alten Schmökern,
sieh am Seinekai, mein Sohn,
Weisheit still verhökern.

Lauf in Afrika umher,
reite durch Oasen;
lausche auf ein blaues Meer,
hör den Mistral blasen!

Wie du auch die Welt durchflitzt
ohne Rast und Ruh –:
Hinten auf dem Puffer sitzt
du.

Kurt Tucholsky

Volle Züge

Ein Mensch, der sonst zwar das Vergnügen
recht gern genießt in vollen Zügen,
legt grad beim Reisen, umgekehrt,
auf volle Züge wenig Wert.

Eugen Roth

Das Häuschen an der Bahn

Steht ein Häuschen an der Bahn,
hoch auf grünem Hügelplan.

Tag und Nacht, in schnellem Flug,
braust vorüber Zug um Zug.

Jedes Mal bei dem Gebraus
zittert leis das kleine Haus –:

„Wen verlässt, wen sucht auf
euer nimmermüder Lauf?"

„O nehmt mit, o bestellt,
Grüße an die weite Welt!"

Rauch, Gestampf, Geröll, Geschrill ...
Alles wieder totenstill.

Tag und Nacht dröhnt das Gleis.
Einsam Häuschen zittert leis.

Christian Morgenstern

Der Bahnhofsvorsteher

Die Maschine zischt, der Dampf pustet die Wagen entlang, die Reisenden steigen ein. Noch hält der Zug. Es entsteht eine peinliche Pause, während der kein Mensch mehr weiß, was er nun noch sagen soll: der, der den Kopf zum Fenster heraussteckt nicht, und die, die den Freund zum Bahnhof gebracht haben auch nicht Endlich! Leise ruckt der Zug an – einige mäßig weiße Taschentücher schwenken durch die Luft, Köpfe nicken, Hände winken – adieu! Adieu! Auf Wiedersehn! – und ein letztes Scherzwort, das einem gerade noch eingefallen ist. Und ein paar stille Tränen. Aus.

Übrigens geht da der Bahnhofsvorsteher mit einem dicken Buch vorn in der Brusttasche, einer roten Mütze und einem kleinen Signalstock. Er sieht und hört nichts von den Taschentuchleuten und nichts von den Weinenden. Er geht eilig in sein Büro, wo es vertrauensvoll und dienstlich klingelt. Ist das ein abgehärteter Mann! Hat er gar keine Augen?

Er sieht das täglich zwanzigmal. Er sieht es nicht mehr. Denn was man täglich sieht, das bekommt eine andere Färbung – wird zur Maschine –, ist schließlich nachher als Erlebnis gar nicht mehr da. Kaum anzunehmen, dass der Bahnhofsvorsteher, auf einem fremden Bahnhof als Fahrgast weilend, den Abschiednehmenden gar so große Aufmerksamkeit schenken wird. Er kennt das alles.

Und sieht also alles viel besser? Ich glaube nicht. Zum Schluss sieht er gar nichts mehr. Und wer einmal, ein einziges Mal, so einen Bahnhofsabschied blitzartig erlebt hat, der trägt wohl mehr Farbe, Duft, Ton davon nach Hause als der Bahnhofsvorsteher, für den es zum täglichen Klipp-Klapp eines Automaten geworden ist. Und das ist überall so.

Der Arzt weiß so viel vom Patienten – und weniger als ein Beobachter, der einmal das Wartezimmer bevölkert hat. Der Fremdenführer hat kein Auge mehr für sein Schloss, das er jeden Tag durchpilgert und dessen Sehenswürdigkeiten er jeden Tag ableiern muss – der Besucher hat viel mehr davon. Der Wirt sieht sein Lokal anders als der Gast; der Schauspieler das Theater anders als das Publikum. Nämlich von innen her. Und das ist mitunter nicht so ergötzlich

Als einer der deutschen Kaiser, derentwegen ich im Abiturientenexamen durchgefallen bin, einmal ein Kloster besuchte, sagte er zu dem Prior: „Ihr habt's hier aber schön! Welch herrlicher Garten! Welch herrliches Refektorium!" Und einer der Mönche erwiderte: „Ja – herrlich – transcuntibus!" – Was etwa heißt: für die, die nur vorübergehen! – Das ist ein wahres Wort Und wir haben bei uns so viele Bahnhofsvorsteher. Jeder ist auf irgendeinem Gebiet „Fachmann". Und jeder glaubt, dass nun nie wieder irgendein Mensch über dieses Gebiet sprechen dürfte, weil er selbst doch Fachmann ist „Mir werden Sie da doch nichts erzählen!" Aber hundert mitgemachte Fußballspiele, hundert Operationen, hundert Reisen sind – was die Eindrücke angeht – mitunter weniger als eine einzige. Daher ja auch die leise Enttäuschung, die uns immer befällt, wenn wir – was man nie tun soll – einmal zurückkehren, „weil es da doch so schön gewesen ist". Das zweite Mal – das dritte Mal: Da sehen die Augen alles viel zu scharf, viel zu exakt, viel zu sachlich: die Flecke auf dem Tischtuch, das blinde Glas, den abgebröckelten Mauerverputz … War das früher alles auch so?

Man muss sich wohl, um ein starkes Erlebnis zu haben, in dem schönen Glauben wiegen, der Einzige, der Erstmalige, der Einmalige zu sein. Dabei ist immer ein Bahnhofsvorsteher da, der heimlich in seinen Schnurrbart lächelt und denkt. „Mensch, das haben wir hier alle Tage! Immer heulen die Frauen an dieser Stelle, zu dieser Stunde, an diesem Ort – immer machen die Männer hier so ein ernstes Gesicht; immer gibt es hier die Schwierigkeiten mit den Autos; immer wackelt hier das schwere Gepäck auf den kleinen Wagen ..." Immer? Für uns jedenfalls nur dieses eine Mal.

Und die Komik des Menschen enthüllt sich wohl nirgends so stark als in dieser Egalisierung in feierlichen Lagen. (Weshalb ja auch Totengräber, Anatomiediener, Offiziersordonnanzen, kurz Menschen, die den Betrieb von hinten sehen, meist so große Philosophen sind. So sagte einmal ein Anatomiediener an der Berliner Charité: „Jeder von uns stirbt an seinem Blinddarm! Er muss es nur erleben." – Und ich kannte einen Musikmeister im Felde, der sah die Menschheit überhaupt nur in besoffenem Zustand ...)

Ich glaube, dass man sich mit der Automatisierung des Betriebes die besten Eindrücke verdirbt. Sicherlich ist das Bild richtig, soweit etwas richtig sein kann – sicherlich macht sich der Einmalige seine Illusionen. Aber sie gehen vielleicht doch tiefer als die kalte Erfahrung des Routiniers.

Wobei es sehr heiter zu beobachten ist, dass natürlich jeder Bahnhofsvorsteher, will sagen: jeder Fachmann, durchaus nicht gelten lässt, dass er seinerseits genau den lächerlichen Aspekt eines vorgeblich Einmaligen bietet, wenn er seinen Laden verlassen bat und sich in einen anderen begibt. Der ausgekochteste Bankier liebt, als sei noch nie geliebt worden; der Postbeamte, der alle Emotionen des Schalterpublikums kennt, fährt auf der Zahnradbahn, als sei die Zahnradbahn gerade erfunden worden – und über allen zusammen lacht der liebe Gott weise und leise, weil er es alles kennt, weil alles schon einmal da gewesen ist und weil sich die Leute auf den Bahnhöfen nun einmal so närrisch benehmen.

Kurt Tucholsky

Bahnfahrt in Hitze

Die Hitze heizt. Die Hose klebt.
Ich sitze ohne Jacke
im Zug. – An meine Backe
fliegt etwas Kitzelndes, was lebt.

Die Ähren und das grüne Laub
werden reifer im Vergilben. –
Warum hat nur zwei Silben. –
Die Zigarette schmeckt nach Staub.

Ein Schaffner gibt von Zeit zu Zeit
uninteressante Zeichen. –
Dummfaulsein ohnegleichen
macht wie ein Teig in mir sich breit.

Es kann ein Schiff, es kann ein Fass
stets gegen Hitze dienen.
Die Eisenbahn auf Schienen –
macht in der Hitze feucht, nicht nass.

Joachim Ringelnatz

Allerhöchste Eisenbahn!

Diese Redensart rührt von dem Berliner Humoristen Adolf Glaßbrenner her (1810–1876). Sie kommt vor in seiner humoristisch-dramatischen Szene „Ein Heiratsantrag in der Niederwallstraße". Der immer sehr zerstreute Briefträger Bornicke hält um die Hand der Tochter des Stubenmalers Kleinisch an. Plötzlich bricht er auf, da die Leipziger Post eingegangen sei und er die Briefe austragen müsse. Dabei sagt er: „Es ist die allerhöchste Eisenbahn, die Zeit ist schon vor drei Stunden angekommen."

Lukas und seine Emma

Das Land, in dem Lukas der Lokomotivführer lebte, hieß Lummerland und war nur sehr klein.

Es war sogar ganz außerordentlich klein im Vergleich zu anderen Ländern, wie zum Beispiel Deutschland oder Afrika oder China. Es war ungefähr doppelt so groß wie unsere Wohnung und bestand zum größten Teil aus einem Berg mit zwei Gipfeln, einem hohen und einem, der etwas niedriger war.

Um den Berg herum schlängelten sich verschiedene Wege mit kleinen Brücken und Durchfahrten. Außerdem gab es auch noch ein kurvenreiches Eisenbahngleis. Es lief durch fünf Tunnel, die kreuz und quer durch den Berg und seine beiden Gipfel führten.

Häuser gab es natürlich auch in Lummerland, und zwar ein ganz gewöhnliches und ein anderes mit einem Kaufladen drin. Dazu kam noch eine kleine Bahnstation, die am Fuße des Berges lag. Dort wohnte Lukas der Lokomotivführer. Und oben auf dem Berg zwischen den beiden Gipfeln stand ein Schloss.

Man sieht also, das Land war ziemlich voll. Es passte nicht mehr viel hinein.

Wichtig ist vielleicht noch, dass man sich sehr vorsehen musste, die Landesgrenzen nicht zu überschreiten, weil man dann sofort nasse Füße bekam. Das Land war nämlich eine Insel.

Diese Insel lag mitten im weiten, endlosen Ozean, und die großen und kleinen Wellen rauschten Tag und Nacht an den Landesgrenzen. Manchmal allerdings war das Meer auch still und glatt, sodass nachts der Mond und tags die Sonne sich darin spiegelten. Das war jedes Mal besonders schön und feierlich, und Lukas der Lokomotivführer setzte sich dann immer an den Strand und freute sich.

Warum die Insel übrigens Lummerland hieß und nicht irgendwie anders, wusste kein Mensch. Aber sicherlich wird das eines Tages erforscht werden.

Hier also lebte Lukas der Lokomotivführer mit seiner Lokomotive. Die Lokomotive hieß Emma und war eine sehr gute, wenn auch vielleicht etwas altmodische Tender-Lokomotive. Vor allem war sie ein bisschen dick.

Jetzt könnte natürlich leicht jemand fragen: Wozu ist denn in einem so kleinen Land eine Lokomotive notwendig?

Nun, ein Lokomotivführer braucht eben eine Lokomotive, denn was sollte er sonst führen? Vielleicht einen Fahrstuhl? Aber dann wäre er ein Fahrstuhlführer. Und ein richtiger Lokomotivführer will Lokomotivführer sein und sonst gar nichts. Außerdem gab es auf Lummerland auch gar keinen Fahrstuhl.

Lukas der Lokomotivführer war ein kleiner, etwas rundlicher Mann, der sich nicht im Geringsten darum kümmerte, ob jemand eine Lokomotive notwendig fand oder nicht.

Er trug eine Schirmmütze und einen Arbeitsanzug. Seine Augen waren so blau wie der Himmel über Lummerland bei Schönwetter. Aber sein Gesicht und seine Hände waren fast ganz schwarz von Öl und Ruß. Und obwohl er sich jeden Tag mit einer besonderen Lokomotivführer-Seife wusch, ging der Ruß doch nicht mehr ab. Er war ganz tief in die Haut eingedrungen, weil Lukas sich eben seit vielen Jahren jeden Tag bei seiner Arbeit wieder schwarz machen musste. Wenn er lachte – und das tat er oft –, sah man in seinem Mund prächtige weiße Zähne blitzen, mit denen er jede Nuss aufknacken konnte. Außerdem trug er im linken Ohrläppchen einen kleinen goldenen Ring und rauchte aus einer dicken Stummelpfeife.

Obwohl Lukas nicht besonders groß war, verfügte er doch über erstaunliche Körperkräfte. Zum Beispiel konnte er eine Eisenstange zu einer Schleife binden, wenn er wollte. Aber niemand wusste genau, wie stark er war, weil er Ruhe und Frieden liebte und seine Kraft nie hatte beweisen müssen.

Nebenbei war er übrigens auch noch ein Künstler. Und zwar im Spucken. Er zielte so genau, dass er ein brennendes Streichholz auf dreieinhalb Meter Entfernung auslöschte. Aber das war noch nicht alles. Er konnte noch etwas. Und das machte ihm auf der ganzen Welt so leicht keiner nach: Er konnte nämlich einen Looping spucken.

Jeden Tag fuhr Lukas viele Male über das geschlängelte Gleis durch die fünf Tunnels von einem Ende der Insel zum anderen und wieder zurück, ohne dass sich jemals etwas Nennenswertes ereignete. Emma schnaufte und pfiff vor

Vergnügen. Und manchmal pfiff auch Lukas ein Liedchen vor sich hin, und dann pfiffen sie zwei-stimmig, was sich sehr lustig anhörte. Besonders in den Tunnels, weil es da so schön hallte.

Michael Ende

Der Großstadtbahnhoftauber

(Eine Zivilisationsballade)

Der Großstadtbahnhoftauber pickt,
was Gott sein Herr ihm fernher schickt.

Aus Salzburg einen Zehntel Kipfel,
aus Frankfurt einen Würstchen-Zipfel.

Aus Bozen einen Apfelbutzen
und ein Stück Käs aus den Abruzzen.

So nimmt er teil, so steht er gleich
wer immer wem im Deutschen Reich

und außerhalb und überhaupt,
soweit man an dergleichen glaubt.

Christian Morgenstern

Eisenbahntraum

Ein Kaufmann hatte den ganzen Morgen mit Tätigkeiten in der Hauptstadt zugebracht und stieg um zwei Uhr in den Schnellzug. Er verließ pünktlich um zwei Uhr sieben die Halle. Auf dem Tisch vor seinem Fensterplatz lag ein Zettel mit dem dreisprachigen Aufdruck: In diesem Zug befindet sich ein Speisewagen. Augenblicklich erschien ein Angestellter der Speisewagengesellschaft und forderte auf, zum Kaffee Platz zu nehmen. Ob man noch etwas zu essen haben könne? Gewiss, wenn auch nur à la carte. Der Kaufmann stand auf, der nächste Wagen war der Speisewagen. Dort nahm er im Nichtraucherabteil Platz, in dem nur noch ein junges Ehepaar saß. Der Oberkellner fragte, ob er Kaffee oder Tee wünsche. Kann ich noch etwas zu essen haben? Selbstverständlich, mein Herr. sogar noch das Menü, das heute besonders schön ist. Selbstverständlich ganz frisch. Sofort wurde serviert, und der Servierkellner entkorkte die schon auf dem Tisch stehende Flasche Rotwein. Auf dem Rückweg zum Abteil begegnete ihm die diensttuende Frau in Schürze und Häubchen. Sie rieb mit einem Leder die Messingstangen blank, auf dem anderen Arm trug sie einen Pack frischer Handtücher. Im Abteil las er eine Zeitschrift mit dem Aufdruck: Unseren Gästen gewidmet. Sie war von der Speisewagengesellschaft auf die Plätze gelegt worden. Bald kam auch der Schaffner und bat, ohne einzutreten, um die Fahrkarte. Haben wir Verspätung?

Nein, antwortete der Beamte, wir sind ganz fahrplanmäßig.

Auf dieser Strecke gibt es überhaupt keine Verspätung. Beim Aussteigen war der Mitreisende behilflich.

Castor Zwieback

Die Zugverspätung

Ein Mensch im Zug nach Frankfurt (Main) –
um vierzehn-vier sollt er dort sein –
wird schon in seinem Hoffen schwach:
Er ist noch nicht in Offenbach!
Verspätung – eine Viertelstunde!
Des Menschen Plan geht vor die Hunde!
Er kriegt den Anschluss nicht nach Wimpfen.
Gewaltig fangt er an zu schimpfen.
Ein andrer Mensch, zum Bahnhof laufend,
in Offenbach, zerschwitzt und schnaufend,
verliert den letzten Hoffnungsschimmer:
Den Zug nach Frankfurt kriegt er nimmer!
Doch wie Musik tönt's an der Sperr':
„Heut ist's nicht eilig, lieber Herr!
Der Zug kommt heute später an!"
Der Mensch lobt laut die Eisenbahn.
„Des einen Eul", gilt's wieder mal,
„ist oft des andern Nachtigall!"

Eugen Roth

Drei Minuten zu spät

Portier steht allein auf der Bühne und putzt sich die Brille.

FRAU kommt schwitzend, atemlos mit vielen Koffer gelaufen:

Bitt schön, sagen S' mir schnell, ich hab höchste Zeit, wo muss ich einsteign nach Italien?

PORTIER: Grad is er weggfahrn.

FRAU: Jess, Marand Josef!!!!

PORTIER: Wärn S' drei Minuten früher komma, hätten S' ihn noch erwischt.

FRAU: So, dann geh ich noch mal heim und komm drei Minuten früher.

PORTIER: Dann komma S' ja noch später.

FRAU: Naa, sagn S', warum ist denn der Zug grad ausgerechnet heut drei Minuten früher weggfahrn?

PORTIER: Naa, der Zug ist net drei Minuten früher weggfahrn, Sie san drei Minuten z' spät komma.

FRAU: Das kommt eben daher, wenn man nicht genau weiß, wann der Zug abfahrt.

PORTIER: Hätten S' ins Kursbuch neigschaut, dann hätten Sie's gwusst.

FRAU: Da hab ich ja neigschaut, aber da steht's nicht drin.

PORTIER: Freilich steht's drin.

FRAU: Ja, wissen S', ich hab eben kein Kursbuch daheim, jetzt hab ich in mein Kochbuch neigschaut. Und da steht's nicht drin.

PORTIER: Ja, im Kochbuch stehe freilich kein italienischer Zug, höchstens ein italienischer Salat.

FRAU: Drum hab ich ihn auch nicht gfunden, ja, nicht einmal im Telefonbuch ist er dringstanden.

PORTIER: Sie kunnten ja glei im Katechismus nachschaun.

FRAU: Meina S'?

PORTIER: Nein, ich mein nur.

FRAU: Ja, ich mein auch nur. Aber ich kann's nicht glauben, dass der Zug schon weggfahrn ist.

PORTIER: Freilich ist er weggfahrn.

FRAU: Ist der einfach weggfahrn und hat die Reisenden alle dagelassen?

PORTIER: Nein, die sind alle mitgfahrn.

FRAU: Ja, warum ham denn die den Zug nicht versäumt?

PORTIER: Weil die nicht zu spät komma sind.

FRAU: Wenn aber die auch zu spät kommen wärn, wär dann der Zug auch weggfahrn?

PORTTER: Ja, aber rentiert hätte er sich dann nicht.

FRAU: Was hätten denn die Reisenden alle gemacht, wenn sie alle den Zug versäumt hätten?

PORTIER: Auch so dumm dreingschaut hätten s' wie Sie.

FRAU: Kann ich jetzt gar nichts machen?

PORTIER: Das müssen Sie wissen.

FRAU: Ich mein, was ich jetzt tun soll? Denn wenn ich noch a Zeit lang wart, dann versäum ich ihn immer noch mehr.

PORTIER: Fahrn S' halt mit dem nächsten Zug.

FRAU: Wann geht denn der?

PORTIER: Morgen früh.

FRAU: Ja, das nutz mich nichts – morgen um die Zeit bin ich ja gar nimmer hier, da bin ich ja schon lange in Italien.

PORTIER: Ja, wie können S' denn da morgen in Italien sein, wenn S' heut den Zug versäumt haben?

FRAU: Ja, da fahr ich ihm halt nach mit der Trambahn.

PORTIER: Da geht keine Trambahn hin.

FRAU: Dann lauf ich ihm zu Fuß nach, das geht auch, das hab ich schon einmal in einem Kino gsehn.

PORTIER: So schnell, wie der Zug fahrt, glaub ich, können Sie nicht laufen, außerdem Sie schicken sich recht.

FRAU: Ja, ich muss nach Italien, ich freu mich schon darauf, warn Sie schon in Italien? Da muss es doch wunderschön sein. Sie, da ist doch der große Vatikan, der immer so speibt?

PORTIER: Verschonen S' mich mit Ihrer Lava. – Sie sind da im Irrtum, der Vatikan kann doch unmöglich speibn, das ist ja ein Gebäude, und ein Gebäude kann doch nicht speibn.

FRAU: Nein, das ist bestimmt der Vatikan, denn mit V gehe er an, und dann hab ich ihn schon auf Ansichtskarten gesehn, der ist so groß, und oben geht der Dampf naus.

PORTIER: Dann meinen Sie wahrscheinlich den Vesuv.

FRAU geht der Koffer auf, und alles Unmögliche fallt heraus: Jessas, Jessas, so ein Pech, wie ich heut habe, zuerst versäum ich den Zug, und jetzt fallen mir meine ganzen Reiseutensilien heraus, wenn das jemand sieht, Sie glauben gar net, wie ich mich geniere.

PORTIER: Ja, mit dem Zeug derfen S' Ihna freili genieren.

FRAU alles einpackend: Ich reise nämlich so selten, Sie glauben gar nicht, wie unbeholfen ich bin.

PORTIER: Des seh ich schon, jetzt schaun S', dass S' mit dera Brockensammlung bald zum Teufel komma.

FRAU: Mein Gott, der Wecker ist, glaub ich, auch kaputt. Horchen S' amal.

PORTIER horcht, wirf ihn dann auf den Boden.

FRAU: Ja, wenn Sie's so machen, dann muss er ja hi werden – wirft ihn auch hin.

PORTIER: Ja mei, Frau, je öfters dass S'n nunterwerfen, desto hiher wird er.

FRAU: Ach Gott, wenn man keinen Menschen hat, ich reis nämlich ganz allein.

PORTIER: Sie ham doch vier Koffern dabei.

FRAU: Nein, ich mein, wenn eine Frau allein reist, ist es überhaupt nichts; wissen S', ich bin eine Witwe, ich stehe jetzt dreißig Jahre ganz allein am Bahnhof – ah: auf der Welt, wollt ich sagen.

PORTIER: Mir waars ja gnua, wenn Sie dreißi Jahre am Bahnhof stehen würden, mir glanga schon die drei Minuten.

FRAU: Wissen S', ich war auch verheiratet, aber mein Mann ist als Bub mit vierzehn Jahren nach Südamerika ausgewandert und ist seit der Zeit nie mehr zurückgekommen. Ich hab ihn nie wieder gsehn – verschollen, aber nicht vergessen.

PORTIER: So fanga S' ma 's weina auch noch an, trösten S' Ihna nur, schaun S', ich war auch dreißig Jahre in Südamerika, bin auch wieder zurückgekommen, der kommt schon wieder, wenns a Gscheiter ist.

FRAU: Oh, das war ein braver Mann, aber ein böser Mann – aber kommen tut er nicht mehr, mein Xaver.

PORTIER: So, Xaver hat er ghoaßn, ich heiß auch Xaver.

FRAU: So – ja, mein Xaver hat immer zu mir gsagt: Wally, ich komm wieder, aber gekommen ist er nicht mehr.

PORTIER: Was, Sie heißen Wally?

Nicht öffnen
bevor der Zug hält !

FRAU: Ja, Wally Rembremerdeng …

PORTIER: Und ich heiß Xaver Rembremerdeng.

FRAU: Nein, ich heiß Rembremerdeng.

PORTIER: Und ich auch, und in Südamerika war ich auch.

FRAU: Ja, bist du der Xaver? Nein?

PORTIER: Und du d' Wally?

FRAU: Ja, Xaver!!! Umarmt ihn und wirft ihm den Koffer auf den Fuß.

PORTIER: Ja, Rindviech!!!

FRAU: Dreißig Jahre ham wir uns nicht mehr gsehn, hast mich denn nimmer kennt?

PORTIER: Drum ist mir dein Hut glei so bekannt vorkomma.

Karl Valentin

Brief aus Bad Aibling

Hochwohlgeborene Anni,
liebe Ehefrau und Zuckerschneckerl!

Liebe Frau, teile Dir mit, dass ich in Bad Aibling gut angekommen bin. Bei Ankunft stiege ich aus demselben Zug aus, in dem ich am Bahnhof zu München einstug. Ich wollte absichtlich nicht weiterfahren, da mein Billet nur bis Aibling giltig war und hätte eine Weiterfahrt keinen Wert gehabt, da ich sonst über Bad Aibling hinausgefahren wäre. Die Eisenbahnfahrt ging sehr schnell, da es ein Schnellzug war; wäre es ein Güterzug gewesen, wäre die Fahrt natürlich nur Güter gewesen. Während der Fahrt aßte ich mein Butterbrot und trankte meinen roten Wein. Vis à vis von meinem Schnellzug sauste auf einmal ein anderer Schnellzug vorbei, und zwar so schnell, dass man die Leute, die in dem anderen Schnellzug saßten, kaum grüßen konnte, obwohl vielleicht ein guter Bekannter hätte drin' sitzen können, der dann am andern Tag zu mir gesagt hätte:
Gestern waren Sie aber protzig, weil Sie mich nicht einmal gegrüßt haben. Die Fahrt ging

dann weiter, auf einmal wurde es mir not, die Notkabine war aber besetzt; deshalb zagte ich die Notbremse und der Zug stund. Der Eisenbahnbesitzer stiege zu mir in das Kouplet und schrub mich auf wegen Notzug. Die Gesellschaft im Eisenbahnwagen war sehr gemischt; es waren fast lauter Reisende, nur der eine Herr, der in München den Zug versäumte, fuhr nicht mit, da er wahrscheinlich mit dem nächsten Zug hinter uns nachkommt, in welchem wir auch gefahren wären, wenn wir den Zug auch versäumt hätten. – In Aibling selbst ist es sehr schön, obwohl es, glaube ich, sehr wenig Weinkneipen dort gibt. Gestern hat mich der Kurarzt untersucht, er meint, ich müsste nicht im Bett liegen bleiben, nur bei Nacht müsse ich im Bett bleiben, was ich ja sowieso getan hätte. Sonst geht es mir gut; ich habe mein eigenes Zimmer, in welchem sechs Betten stehen, wovon aber nur vier besetzt sind von vier Patientinnen. – Ich schließe nun meinen Brief und hoffe, dass Du mir in München treu bleibst, wenigstens halbe treu, zum mindestens viertel über zwei. Meine Uhr habe ich vergessen, wir haben auch in unserem Schlafsaal keine Uhr. Wenn Du mir wieder

schreibst, schreibe bitte in den Brief hinein, wie
viel Uhr es ist. Ich weiß gar nicht, wie ich an der
Zeit bin.

Es grüßt und küsst Dich
hochachtungsvollst
ergebenst
Nepermuk Semmelmeier, Patient, z. Zt. Bad
Aibling

Karl Valentin

Das Eisenbahngleichnis

Wir sitzen alle im gleichen Zug
und reisen quer durch die Zeit.
Wir sehen hinaus. Wir sahen genug.
Wir fahren alle im gleichen Zug.
Und keiner weiß, wie weit.

Ein Nachbar schläft, ein andrer klagt,
ein dritter redet viel.
Stationen werden angesagt.
Der Zug, der durch die Jahre jagt,
kommt niemals an sein Ziel.

Wir packen aus. Wir packen ein.
Wir finden keinen Sinn.
Wo werden wir wohl morgen sein?
Der Schaffner schaut zur Tür herein
und lächelt vor sich hin.

Auch er weiß nicht, wohin er will.
Er schweigt und geht hinaus.
Da heult die Zugsirene schrill!
Der Zug fährt langsam und hält still.
Die Toten steigen aus.

Ein Kind steigt aus. Die Mutter schreit.
Die Toten stehen stumm
am Bahnsteig der Vergangenheit.
Der Zug fährt weiter, er jagt durch die Zeit,
und niemand weiß, warum.

Die I. Klasse ist fast leer.
Ein feister Herr sitzt stolz
im roten Plüsch und atmet schwer.
Er ist allein und spürt das sehr.
Die Mehrheit sitzt auf Holz.

Wir reisen alle im gleichen Zug
zur Gegenwart in spe.
Wir sehen hinaus. Wir sahen genug.
Wir sitzen alle im gleichen Zug
und viele im falschen Coupé.

Erich Kästner

Im Wettlauf mit dem Frühling

Der „TEE 10" aus Amsterdam mit Kurswagen aus Hoek van Holland trifft um 10.23 Uhr in Düsseldorf ein. Was für eine angenehme Abfahrtzeit! Man hat in aller Ruhe zum Frühstück die Düsseldorfer Nachrichten gelesen und wird am Nachmittag die „Baseler Neuesten Nachrichten" lesen können. Am Vorabend konnte man unbesorgt einen Altstadtbummel unternehmen, ist in die Pinte gegangen, hat beim „Kreuzherreneck" reingeschaut, im „Rialto" noch eine Pizza gegessen und im „Töff-Töff" getanzt und hat Vorschuss aufs Nachtleben genommen: Man will in die Schweiz reisen. Im Hofgarten blühten bereits die Krokusse, gelb und lila und weiß auf grünem Rasen. Die Schwäne waren mit imponierend hochgestellten Segeln unterwegs im weißesten Weiß ihres Lebens.

DM 9,40 kostet der reservierte Platz in Westdeutschlands schnellstem und elegantestem Zug. Spitzengeschwindigkeit 160 km/h und eine Durchschnittsgeschwindigkeit von 105 km/h, die wenigen Aufenthalte eingerechnet.

Für einen ehrgeizigen Zug sind drei Minuten Verspätung bereits ein Manko. Eine ruhige Strecke liegt vor uns; keine Steigungen, wenig Kurven, keine Tunnel, die Schienen halten sich weitgehend an das Flussbett des Rheins und tun gut daran. Zuerst rechtsrheinisch bis Köln, dort geradewegs über die Hohenzollernbrücke, einst wie jetzt von den wilhelminischen Kaisern samt ihrem Kanzler Bismarck hoch zu Ross bewacht, auf die Türme des Doms zu. Zwei Minuten für Köln, dann linksrheinisch weiter bis Mannheim. Dort verliert man seinen Fluss aus den Augen, erst in Basel sieht man sich wieder. Der meistbefahrene Fluss der Welt! So reich an Geschichte und Sagen und patriotischen Liedern wie keiner sonst. Und keiner so geschäftstüchtig wie er. Er befördert Holz und Kohle und Öl und Passagiere von Rotterdam nach Basel und von Basel nach Rotterdam mit Abzweigungen in die Täler hinein. Zu beiden Seiten Straßen und Schienenstränge: was für ein Hin und Zurück. Für den, der südwärts fährt, erscheint es sinnlos, wenn andere nach Norden fahren.

Die Erholung beginnt bereits im Zug, ich gebe den Werbesprüchen der Bundesbahn recht. Mein

Gegenüber rückt an seinem blauen Polstersessel, bis er eine behagliche Ruhelage gefunden hat, schiebt sich noch das weiß bezogene Kissen in den Nacken und schlägt den *Spiegel* auf. In einem TEE liest man keine Illustrierte, da hält man auf Niveau und liest die Weltpresse, trägt seine Nationalität nachlässig, aber auffällig in der äußeren Jackentasche der durchweg dunklen Anzüge; man ist vorwiegend männlichen Geschlechts und in seriösen Geschäften unterwegs, wenn nicht gar in Politik wie die Herren französische Zunge, die in Bonn zusteigen, offensichtlich in wichtiger Mission auf dem Weg nach Genève. Eine Dame mit nerzgefüttertem Trenchcoat, das Reisegepäck aus Krokodil, vermutlich Modebranche. Bison- und Büffelleder sind stark im Kommen. Eine zartgliedrige Indonesierin, die überm Sari eine grüne Strickjacke trägt, bringt einen Hauch Exotik in unseren Großraumwagen.

Wie rasch doch alles schäbig wird! Dem teppichbelegten Boden und den Polsterbezügen merkt man die vielfache Benutzung an. Es muss an der unbarmherzigen Märzsonne liegen, dass man alles mit Hausfrauenaugen ansieht. Es riecht aufdringlich nach Desinfektionsmitteln.

Die Autobahnen führen durch die schönsten Landschaften nirgendwohin, schicken nur ihre Zufahrtsstraßen in die Städte hinein. Die Eisenbahn verbindet die Städte mit Schienensträngen, dringt in ihr Innerstes vor und entblößt dabei die Kehrseiten. Der Eisenbahn gegenüber wahren die Häuser nicht einmal die Fassade.

Die Vorfrühlingssonne bringt den ganzen Winterkehricht ans Licht. Blechdosen und Kunststofftüten bedecken den Bahndamm, erst im Mai wird alles von Brennnesseln, Lupinen, Löwenzahn, Mohn und Kamille übergrünt und überblüht sein. In den Gärten werden gerade die Bäume und Büsche beschnitten, es wird geharkt, und es werden Feuer gemacht. Auf den Rechen gestützt, stehen die Gärtner und Kleingärtner und sehen dem Rauch nach, der sich blau im Blauen verliert. Es ist Samstag. Ein Rentner steht gebückt über einem Beet, ein Samentütchen in der Hand. Was sät er denn aus? Petersilie? Kann er es denn nicht abwarten? Es ist Anfang März. Er wird wohl Kresse aussäen, wie meine Mutter es im frühen Frühling tat. Sie schrieb die Namen ihrer beiden Töchter mit Kressesamen auf die frische Erde, und wenn er nach wenigen Tagen aufging, buchstabierten wir unsere Namen und durften für den Verbrauch ein H oder ein U herausschneiden. So rasch kann man sich gar nicht erinnern, wie der Zug fährt, erst nach zwanzig Kilometern fällt mir das Lied ein, das meine Eltern zweistimmig sangen: „Ich möcht' es sä'n auf jedes frische Beet mit Kressesamen, der es schnell verrät." Ob Eltern ihre Kinder einstimmig in den Schlaf singen sollten, um spätere Unstimmigkeiten zu vermeiden? Jemand pflückt den letzten Rosenkohl. Rhabarberfelder, Obst- und Gemüsebau für die großen Städte.

„Im Märzen der Bauer die Rößlein einspannt, dann fährt er den Mist und die Jauche aufs Land", sangen wir als Kinder. Kein Rößlein auf dem Acker! Dafür rote und gelbe und grüne Trecker vor landwirtschaftlichem Gerät. Wie sauber gedrillt die Felder sind! Der Winterroggen ist mindestens fünf Zentimeter höher als der Sommerroggen. In diesem Frühling hört man das Gras wachsen. Langhaarige Weiden am Flussufer. Und alle hundert Meter ein gelber Fleck: Forsythie in jedem Garten, wie ein gelbes Band zieht sich das am Bahndamm entlang. Die Weidenkätzchen plustern sich golden auf,

als wollten sie es den Mimosen, ihren südlichen
Schwestern, gleichtun.

Wir haben einen regenreichen Winter hinter
uns. Die Uferbäume stehen noch immer bis an
die Knöchel im Rhein, der weißgrau ist vom
Schmelzwasser der Berge: keine Öllachen, kein
trübes, träges Braun wie im Sommer. Möwen,
Wildenten, schwarze Wasserhühner mit wei-
ßem Brustlatz.

Kleine Mädchen haben ihre Puppenwagen ins
Freie geschoben, haben die Kissen und Decken
herausgezerrt, klopfen und schütteln sie nach
Hausfrauenart. Die Puppen liegen im winter-
grauen Gras, die Wagen stehen Kopf, die Räder gen Himmel. An einem Fenster werden die
Gardinen abgenommen, an dem nächsten frisch
gewaschen aufgehängt, Bettzeug liegt zum Lüf-
ten auf den Balkonen, nicht mehr fahnenrot wie
früher, sondern blau und grün.

Die niedrigen Höhenzüge des Vorgebirges haben wir längst hinter uns gelassen. Industrie-
landschaft, die man erst auf dem Umweg über
die Fotografie zu sehen gelernt hat, falsch vermutlich: poetisch. Zur Linken hebt sich die ver-
traute Silhouette des Siebengebirges aus dem

späten Vormittagsdunst. Gegen Mittag soll sich der Frühnebel auflösen, hieß es im Wetterdienst. Mein Gegenüber hat ein wenig in seiner Zeitschrift geblättert, das Nackenkissen verschoben und ist eingeschlafen. Noch ein paar Bims- und Schotterberge, dann geht es los mit den Burgen am Rhein! Schneller, als man den Kopf hin und her wenden kann. Kaum meint man „Katz" und „Maus" zur Linken erkannt zu haben, taucht rechts die Ruine Rheinfels auf. Allgemeines „Look at that!" – „Die Loreley!". Da ist sie ja. Die schmalste Stelle des Rheins, einhundertsiebzehn Meter breit, sagt der Reiseführer, der zugehörige Felsen fast genauso hoch. „Ich weiß nicht, was soll es bedeuten, dass ich so traurig bin" von Gustaf Gründgens im Düsseldorfer Schauspielhaus anlässlich einer Matinee zu Ehren Heinrich Heines rezitiert, so als hätte man es nie zuvor gehört. Die Pfalz bei Kaub, wo Blücher den Rhein am 1. Januar 1814 überquerte. Wie oft ist er wohl von feindlichen und eigenen Truppen überquert worden?

Den Kopf nach rechts, dort gibt es jetzt drei Burgen auf einen einzigen Blick zu sehen. Die Weinberge werden steiler, und man überlegt,

ob die Weinpreise im selben Maß steigen wie die Berge. Rebhänge im März, nichts als trockenes Holz und Stöcke. „Das Himmelreich ist gleich einem Hausvater, der am Morgen ausging, Arbeiter zu mieten in seinen Weinberg", ein Gleichnis aus vorgewerkschaftlicher Zeit, als „gleicher Lohn für alle" noch nicht galt, mit dem schwer verständlichen Gotteswort am Schluss: „Oder habe ich nicht Macht zu tun, was ich will, mit den Meinen. Siehst du darum scheel, dass ich so gütig bin?" Diesen letzten Satz benutzte mein Vater, um seine Töchter das Gönnen zu lehren. „Man mött auch jönne könne", sagt man in Köln.

Viele der Häuser sind jetzt mit Schiefer gedeckt, wir fahren durchs Rheinische Schiefergebirge. Der Mäuseturm! Wir sind in Bingen, überqueren die Nahe. Wie viele Flussmündungen haben wir schon hinter uns: Sieg und Ahr und Mosel und Lahn, und noch immer dehnt sich der Rhein altväterlich und selbstherrlich. Kaum hat man's gedacht: väterlich und selbstherrlich, da taucht auch schon das Niederwalddenkmal auf. 1878 zum Gedenken an einen der wenigen siegreichen Kriege der Deutschen erbaut. Die Germania aus Bronze, mehr als zehn Meter groß.

„Fest steht und treu die Wacht, die Wacht am Rhein." Ein Binger Loch der Nationalgefühle.

Das Teil weitet sich ins Rheinhessische aus. Ohne die Geschwindigkeit zu verringern, durchfährt unser Zug die berühmtesten Weinorte. Draußen scheint es zusehends wärmer zu werden: In den Gärtnereien werden die Mistbeete aufgedeckt; im Schutz der Hausmauern blühen Primeln und Narzissen. Nun ist doch noch ein Bauer mit seinem Jauchefass unterwegs, ein Pferdchen vorgespannt. Sollten das alles Spargelfelder sein, blauköpfiger Mainzer Spargel?

Es wird nun Zeit für das Mittagessen, den Lunch. Der Säugling, der am Ende des Waggons im Arm seiner Mutter friedlich schlummerte, beginnt zu schreien, und sofort erheben sich die Herren, stecken Times und Figaro in die äußere Jackentasche und begeben sich in den Speisewagen. Die Menükarte ist zweisprachig abgefasst, deutsch und englisch. Französisch fehlt und würde doch benötigt. Viel zu lesen gibt es nicht. Erstes Gedeck: Hamburger Krebssuppe, Ochsenzunge in Madeira, Blumenkohl polnisch,

Macaire-Kartoffeln, Fruchtcocktail mit Sahne. Das zweite Gedeck ist trotz rechtzeitiger Platzreservierung nur noch zu lesen. Mein Tischnachbar sagt höflich: Es schmeckt fast amerikanisch. Die Macaire-Kartoffeln sind wässrig, der Blumenkohl zerkocht, was sicher nicht polnisch ist. Es gibt mehr zu bemängeln, als die Hostess mit ihrem liebenswürdigen Lächeln wettmachen kann.

An der Bergstraße blühten die Pflaumenbäume! Irgendwann müssen wir in Heidelberg gehalten haben. Eine Stunde lang war es im Zug interessanter als draußen; der Wein macht gesprächig. Man tauscht Liebenswürdigkeiten, jeder über das Land des anderen. Mein Amerikaner spricht, ohne deutscher Herkunft zu sein, mühe- und fehlerlos deutsch, ein Mann der Wirtschaft, einer, für den Zeit Geld ist, für den diese schnellen Züge gedacht sind, auf dem Weg nach Milano, anschließend Lissabon. Er ist auf höfliche Weise kritisch, gehört zu den Vereinfachern, die ich bewundere. die mir unheimlich sind. Beim Nachtisch erfahre ich, dass ich in den Vereinigten Staaten Amerikas zuerst gefragt würde, wie gut man eine Sache herstellen könne, als zwei-

tes: wie billig; in Deutschland suche man zuerst nach einem Platz, wo sich das Etikett *deutsche Wertarbeit* anbringen ließe. Ich sage: „Oh", und erwidere das amerikanische Lachen, das aus den Südstaaten stammen muss, aus Louisiana, wie ich vermute. „Bei uns arbeiten zwei, wo bei Ihnen zehn arbeiten – oder verwalten!" Er unterrichtet mich über den weiten Abstand von der zweitgrößten Weltwirtschaftsmacht zur drittgrößten. Beim Kaffee spricht er über den Absatzmarkt und die Konkurrenzfähigkeit der Bundesrepublik Deutschland, er sagt lediglich „Bundesrepublik", wie wir „Vereinigte Staaten" sagen. Darauf mache ich ihn aufmerksam.

Über der Weltwirtschaft habe ich vergessen, mich um den Frühling zu kümmern. Wir fahren nun durch eine Bruchlandschaft, irgendwo muss es hier Armstümpfe des Altrheins geben. Blühende Kätzchen am Bahndamm, weiße Anemonen unter den Erlen; auf einer Wiese stochert ein Storch nach Fröschen. Ich mache den Amerikaner darauf aufmerksam. Er erkundigt sich, in welchen Belangen ich unterwegs sei, ich antworte: in denen des Frühlings, verabschiede mich von ihm und steige in die Aussichtskanzel des Zugs. Dicht unter dem Netzwerk der elektrischen Drähte gleitet die Glaskuppe dahin; es geht wie im Fluge, wie auf der Rollbahn eines Flugfeldes, nur sehr viel leiser, sehr viel ungefährlicher. Links die schwarzen Wälder des Schwarzwaldes, rechts die der Vogesen. Aus der Oberrheinischen Tiefebene erhebt sich der Kaiserstuhl. Hinter Freiburg, im Markgräflerland, wird bereits in den Weinbergen gearbeitet, Ranken werden hochgebunden, die Winterschäden betrachtet, der Stand des Saftes geprüft.

Irgendwo muss der Zug den Frühling überholt haben – ein paar blühende Schwarzdornbüsche noch, auch ein paar Leberblümchen, aber in Basel ist dann allenfalls in den Vorgärten noch seine Vorhut zu sehen. Fünf Stunden und fünfundzwanzig Minuten Fahrzeit. Basilea, die königliche Stadt.

Christine Brückner

Das ist ja wunderbar
das ist wirklich wunderbar

Was man mit einer Netzkarte die kostet fünf-
hundertzehn Mark Erster Klasse machen könnte
man könnte zum Beispiel im Monat dreißigmal
Folgendes machen morgens um siebenuhr-
zwanzig in Hamburg weg mit dem Blauen Enzian mit dem bin ich um vierzehnuhrsechsund-
dreißig in München dann geh ich einen Kaffee
trinken dann setz ich mich um fünfzehnacht-
undvierzig wieder in den Blauen Enzian fahre
nach Hamburg zurück bin um zweiundzwanzigneunundfünfzig wieder in Hamburg eine
Minute vor elf das sind wirklich brauchbare
Zeiten eine Stunde Kaffeepause in München das
reicht um dem den du da triffst zu sagen dass du
noch mal wiederkommst dreißigmal das glaube ich nicht diese TEE fahren nicht jeden Tag
hier steht aber nichts also vielleicht doch aber
gehen wir mal davon aus dass ich bis vierzehn-
sechsunddreißig in München bliebe dann nehm
ich den Hans Sachs fahr nach Nürnberg Würz-
burg Frankfurt Köln in Köln um zweiundzwan-
zigsiebenundfünfzig der Zug geht noch nach

Hagen weiter ich kann aber auch nach fünf
Minuten Wartezeit in Köln in den Parsifal um-
steigen der fährt um dreiundzwanzignulldrei ab
Köln ist um nullzweiundzwanzig in Dortmund
da geht es dann natürlich nicht mehr weiter ich
kann am nächsten Morgen nach Hamburg weiterfahren aber es geht doch um diese Zeit ein
Zug nach Paris Nachtzüge gehen dann schon
aber eben nur D-Züge und außerdem will ich
nur innerhalb Deutschland oder wie es geht
so schwer wenn man diese Strecke München–
Hamburg macht und wieder zurück das sind
das sind achthundertdreizehn Kilometer also
eintausendsechshundertsechsundzwanzig Kilometer stimmt das jetzt wenn man das zwanzigmal im Monat macht zweimal sechzehn sind
dreiundzwanzigtausendfünfhundert Kilometer
ich muss aber auch die Nächte ausnutzen bei
der teuren Netzkarte dann kostet ein Kilometer
immer noch zwei Pfennige die verstehen das
ganz gut zugegeben zwei Pfennig ist natürlich
schon billig und wenn das dreißigmal im Monat
gemacht wird wenn man die Nächte auch noch
durchfährt dann kann man natürlich auch auf
einen Pfennig kommen so ein Spiel machen es

müsste darum gehen wer die meisten Kilometer macht ich müsste aber das geht ja nicht in der Zwischenzeit von abends elf wenn ich also wieder in Hamburg bin bis morgens um siebenzwanzig müsste ich also Abstecher machen entweder in Richtung Hannover–Frankfurt oder Richtung Ruhrgebiet Und dann wieder zurück tagsüber ist das wahrscheinlich das schnellste oder ich müsste mal ausrechnen wie das geht zu sieben Uhr wird man von Köln kaum noch was machen können aber wohin könnte man denn von Hamburg nachts noch fahren ich muss von Hamburg aus nachts irgendwohin fahren ans Wasser also nach Kiel wann waren wir in Hamburg wieder angekommen zweiundzwanzig-neunundfünfzig dann kann ich mich in einen D-Zug setzen das wird natürlich nicht sehr weit werden wann muss ich wieder in Hamburg sein ich muss auf jeden Fall um siebenzwanzig wieder in Hamburg sein wenn ich also um dreiundzwanzigzehn von Hamburg wegfahre das geht dann also irrsinnig weit nach Hannover Kreiensen Göttingen Bebra nun muss ich mal die Rücklinie München–Hamburg in Hamburg kommt einer um siebenzwanzig an das ist nichts sechsneunundzwanzig das ginge aber der fährt nur an besonderen Tagen vierneunundzwanzig dreisiebzehn dreizweiundzwanzig das ist ja wunderbar das ist wirklich wunderbar ich bin also abends um zweiundzwanzigneunundfünfzig wieder in Hamburg angekommen dann fahre ich um dreiundzwanzigzehn mit dem D-Zug runter Hannover Göttingen runter Bebra a vertan das geht nicht kann nur bis Göttingen verdammt verdammt ist das eine Enttäuschung ich fahre bis Göttingen dass das nicht geklappt hat ist das schade bis Göttingen fahre ich da bin ich um zweiundzwanzig fahre zurück von Göttingen entweder um dreisiebzehn und bin in Hamburg um sechsneunundzwanzig und nehme dann den siebenzwanzig wieder das sind also sechzehn sechzehnhundertsechsundzwanzig stimmt das und von Hamburg nach Göttingen noch mal zweihundertdreißigundneunzig mal zwei sind fünfhundertsechsundachtzig das sind schon insgesamt zweitausendeinhundert ungefähr in vierundzwanzig Stunden um aber diese eine Stunde noch zu nutzen müsste ich einen genaueren Fahrplan haben oder man versucht es eben in Richtung Ruhrgebiet wie ist es denn ich bin um zweiundzwanzigneunundfünfzig in Hamburg ich kann in Richtung Köln erst um dreiundzwanzigvierzig weiter ich bin in Münster um dreiuhrsieben und dann dann geht es eben nicht weiter nichts zu machen das macht mich fertig muss ich doch die Richtung Bebra wählen ich könnte höchstens ja das ist zu machen dreiundzwanzigzehn in Richtung Hannover dann bin ich um einsnullvier in Hannover nehm ich mal die Strecke fünf a ich will jetzt nachdem ich in Hannover war weiter in Richtung Hamm von Hannover nichts nach Bebra muss ich runter und wieder hoch die eine Stunde kann man nicht vermeiden dann kann ich zweitausendeinhundert an einem Tag wenn ich das fünfundzwanzigmal mache habe ich zweiundfünfzigtausendfünfhundert und dann bin ich auch schon knapp unter einem Pfennig pro Kilometer nehmen wir mal an man könnte überhaupt den ganzen Monat lang mit dem sehr hohen Reiseschnitt den die Bundesbahn ja gelegentlich anzubieten hat von hundertzehn einen ganzen Monat lang fahren vierundzwanzig Stunden lang also hundertzehn in der Stunde ja dann fahr ich also einen ganzen Monat lang vierundzwanzig Stunden lang hundertzehn in der Stunde das waren neunundsiebzigtausendzweihundert nicht ganz zwei Drittel Pfennig also die Differenz zwischen dieser real ausgerechneten Möglichkeit die knapp ein Pfennig ist und der rein theoretischen völlig unabhängig von Anschlüssen die ist nur noch ein Drittel Pfennig also auf nennenswert weniger als zwei Drittel Pfennig komme ich auch theoretisch nicht bei den gefahrenen Geschwindigkeiten wenn ich also alle Anschlüsse weglasse alle eigene Unfähigkeit es zu leisten liegt die absolute theoretische Grenze ein ganzes Stück über einem halben Pfennig pro Kilometer was schon fantastisch wäre.

Hannelies Taschau

Quellenverzeichnis

Texte

Christine Brückner, Im Wettlauf mit dem Frühling, aus: Dies., Unterwegs. Reisen in nicht allzu ferne Länder © 1995, Ullstein Buchverlage GmbH, Berlin.

Michael Ende, Lukas und *seine Emma,* aus: Ders., Jim Knopf und Lukas der Lokomotivführer. Mit Illustrationen von F.J. Tripp © 1960, 2018 Thienemann in der Thienemann-Esslinger Verlag GmbH, Stuttgart.

Erich Kästner, Eisenbahnfahrt und *Eisenbahngleichnis*
© Atrium Verlag, Zürich 1936 und Thomas Kästner.

Eugen Roth, Volle Züge und *Die Zugverspätung* © Thomas Roth, München.

Hannelies Taschau, Das ist ja wunderbar das ist wirklich wunderbar © Alle Rechte bei der Autorin.

Robert Walser, Das Eisenbahn-Abenteuer, aus: Ders., Sämtliche Werke in Einzelausgaben. Herausgegeben von Jochen Greven. Band 4: Kleine Dichtungen. Mit freundlicher Genehmigung der Robert Walser-Stiftung, Bern. © Suhrkamp Verlag Zürich 1978 und 1985.

Castor Zwieback (Theodor W. Adorno), Eisenbahntraum, aus: Ders. „Eisenbahn", in: Theodor W. Adorno, Gesammelte Schriften in 20 Bänden. Band 20.2. Vermischte Schriften II: